W0340386

Köln mit HühnerAugen

Peter Gaymann

Köln mit HühnerAugen

Texte von Andreas Hauffe

Wienand Verlag

Ich glaub, die Kölner mögen Geflügel!
Daran sind gewisse Paradiesvögel schuld!
P. GAY
Aug '93

Ich kam aus dem hohen Norden nach Köln, weil ich nichts Besseres vorhatte, das Huhn aus dem Badischen kam nach Köln, weil es hier was Besseres vorhatte. Wir lernten uns unter dem Huhnosaurus kennen, den viele für pures Gold, viele aber auch für pure Angeberei oder für puren Unfug halten. Wir waren schwer beeindruckt und hielten ihn schlicht für ein riesiges Geflügel und infolgedessen für ein gutes Zeichen. Da wir beide den Dom und den Klüngel kennenlernen wollten, beschlossen wir, die Stadt gemeinsam zu erobern. Die ursprüngliche Idee, uns als Wetterhühner auf dem Kölner Dom zu bewerben, weil der ja zwei Türme hat, haben wir schnell wieder verworfen, weil man da oben so schlecht austreten kann. So nahmen wir uns vor, in Kunst zu machen, weil uns das am einfachsten erschien. Übrigens, links das bin ich.

Mensch hab ich ein Hunger!
Wollen wir uns eine Domplatte teilen?
MENUE

Mit dem Kölsch hatten wir erst einmal so unsere Probleme. Wenn man aus dem Badischen kommt, vermißt man die Jahrgangsangaben auf den Flaschen, und wenn man aus dem Norden kommt, vermißt man die Blume auf dem Bier. Mit Befriedigung konnten wir aber, nach dem siebten oder achten Kölsch, die umwerfende Wirkung zur Kenntnis nehmen und schlossen sogleich eine innige Freundschaft mit diesem Gebräu. Auch wir beide schlossen an diesem Abend Freundschaft. Gegen 23.30 Uhr tranken wir Brüderschaft und schnäbelten in der Öffentlichkeit. Das war uns am nächsten Tag ein bißchen peinlich – aber nur ein bißchen.

Tags darauf, nachdem wir uns davon überzeugt hatten, daß der Kölner Dom innen wirklich hohl ist, beschlossen wir, unsere überschwengliche, jugendliche Energie zu verwenden, um uns eine Behausung zu suchen. Von dort aus wollten wir Köln unsicher machen. Wir hatten Glück. Über die Mitschlafzentrale in Köln fanden wir eine wirklich tolle Bleibe. Die Bewohner waren für einen unbestimmten Zeitraum verreist.

Kaum eingezogen, wurden wir sofort kreativ. Leider mußten wir die Fenster ständig geschlossen halten, weil sich direkt um die Ecke eine Filiale des Wienerwaldes befand. Der Geruch, Sie verstehen!
Wie auf dem Bild unschwer zu erkennen ist, habe ich erst einmal mit einigen leichten Arbeiten begonnen. Das mache ich aber nie wieder. Es hat Tage gedauert, bis die Farbe wieder von meinen Füßen runter war. Es war wirklich schrecklich.

Schrecklich war auch, daß wir die Telefonnummer von dem Klüngel im Telefonbuch nicht finden konnten. Auch die Auskunft behandelte uns, als sei es ein Verbrechen, nach seiner Nummer zu fragen, und legte einfach wieder auf. Doch wir werden nicht aufgeben. Jedes Kind in Köln weiß, daß man in der Kunstszene ohne den Klüngel nicht Fuß fassen kann. Und genau das ist es, was wir wollen – ordentlich mitmischen.

That's Art! It's so easy Baby!
KLÜNGEL anrufen!
Ich such schon mal die Adresse von diesem Ludwig!
STADTPLAN KÖLN
P. GAY Aug '93

Weißt du was mir die Stadt wirklich sympathisch macht?
Daß "Halve Hahn" was vegetarisches ist!

Das ist unser Lieblingsplatz. Am Wochenende fahren wir gern nach Rodenkirchen und halten ein Bein in den Rhein rein. Hier kann man ganz herrlich faulenzen, träumen und über Leute lästern oder so tun, als sei man eine Artischocke. Hier plaudern wir über unsere neue Heimat und unsere alten Beziehungskisten, in denen wir beide reichlich Federn gelassen haben. Hier arbeiten wir unsere Vergangenheit auf und machen Zukunftspläne. Und manchmal genießen wir auch einfach die Gegenwart und erfreuen uns an dem herrlichen Panorama. Im Hintergrund kann man den Dom und den Fernsehturm sehen, beide im typischen Colonialstil erbaut. Von weitem sieht der Dom aus wie eine Kirche, finde ich.
Nur einmal haben wir unseren Lieblingsplatz fluchtartig verlassen müssen. Es war an einem sonnigen Samstag vormittag, da ließen sich einige Leute in unserer Nähe nieder. Das wäre eigentlich nicht weiter schlimm gewesen, aber sie fingen an zu grillen!

Wir flüchteten ins Museum und lernten dort das süße Leben Kölns kennen. Das Schokoladenmuseum machte wirklich einen Riesenspaß, ganz besonders die Abkühlung im Brunnen. Völlig verschmiert kam ich da wieder raus. Süßes ist zwar gut gegen gesunde Zähne, aber keine Zähne sind in so einem Fall auch nicht schlecht.

An diesem Tag machten wir uns auf den Weg ins Müngersdorfer Stadion. Das war vielleicht ein Hexenkessel. Letztendlich war es aber doch eine Enttäuschung. Der Geißbock hatte nicht eine einzige Ballberührung. Um ehrlich zu sein, er hat nicht einmal mitgespielt.
Erschwerend kam hinzu, daß dieser Toni Polster unbeweglich wie ein Polstermöbel auf dem Platz stand. Vielleicht lag es daran, daß der ganz neu in der Mannschaft und in Köln war. So wie wir. Bestimmt kannte er seine Mitspieler noch gar nicht so richtig. Deshalb wäre es vielleicht besser gewesen, ihn erst einmal eine Weile im Mittelfeld spielen zu lassen, weil man da die meisten Leute kennenlernt. Jedenfalls ging das Spiel dann auch noch 0:2 gegen den Gegner verloren. Ist aber auch egal, weil Sport ist gar nicht so unser Ding.
Abends waren wir dann bei einem Konzert. Die Gruppe hatte den vielversprechenden Namen „De Höhner", es waren aber leider nur Männer. Und die Musik, na ja. Dieser Samstag war irgendwie nicht unser Tag. Aber wie das manchmal so ist, hat man an frustrierenden Tagen doch noch eine tolle Idee.

Einer, der es geschafft hat!
KLÜNGEL-KÖLSCH
T. GAY

Jemanden mit der zu
befriedigen ist keine KUNST!

Jemanden m
befriedigen i
UNST!

In dieser Nacht starteten wir unsere erste Kunstaktion. Mein Gott, was haben wir gelacht. Jetzt hatten wir der Stadt gezeigt, daß wir da und nicht mehr aufzuhalten sind. Ja, wir hatten ihr unser Symbol unwiederbringlich aufgedrückt. Das war wohl der Startschuß zu zwei Karrieren, die Geschichte machen würden – Stadtgeschichte.
Wir waren sicher, aus dem Gröbsten raus zu sein. Jetzt brauchten wir nur abzuwarten, und der Klüngel würde zu uns kommen und sich persönlich vorstellen. Wir waren so enthusiastisch nach unserer Aktion, daß wir die Kölsch, die wir anschließend tranken, nicht mehr gezählt haben. Lediglich die Rechnung kam uns etwas übertrieben vor.
In Gedanken waren wir schon reich und berühmt, reisten durch die Welt, gaben Autogrammstunden und Interviews. Wir sahen uns im Fernsehen, auf Hochglanzfotos und in den bekanntesten Kunstmagazinen. Ja, wir schlossen sogar hochdotierte Engagements als Schauspieler nicht aus.

Auf dem Heimweg sangen wir Loblieder auf die Stadt, die wir schwankend komponierten, was uns auf die Idee brachte, am nächsten Tag bei den hiesigen Plattenfirmen vorzusprechen. Doch kurz bevor ich zu Bett ging, forderte der übermäßige Schokoladen- und Biergenuß seinen Tribut. Ich mußte mich übergeben und mein Enthusiasmus wich einem gigantischen Schwindelgefühl. Ich bitte um Verständnis dafür, daß ich zu dem nächsten Bild kein Kommentar abgeben möchte.
Abschließend bleibt noch zu sagen: Der Klüngel hat sich nicht gemeldet, das Ei war zwei Tage später wieder weg, die Banane wieder da, und wir waren weder reich noch berühmt, aber wir arbeiten natürlich weiter daran.

4711

Weil die Zeit nicht wußte, was sie machen sollte, entschied sie sich dafür zu vergehen, und wir nutzten sie, um unsere neue Heimat näher kennenzulernen. Jemand, der es gut meinte, empfahl uns eine alternative Stadtrundfahrt mit Jürgen Becker. Selbstverständlich war uns der Name Becker ein Begriff, nur der Vorname wirkte etwas befremdlich. Wir entschieden uns trotzdem dafür, weil wir herausfanden, daß Jürgen Becker ein Künstler ist wie wir, und weil wir keinen intoleranten Eindruck machen wollten.

Wir hatten Glück und machten wirklich keinen intoleranten Eindruck, dafür aber einen großen Fehler: Wir stiegen in den falschen Bus und landeten schließlich in Chorweiler. Wir waren uns sofort einig, daß wir dort nicht wohnen möchten. Ganz abgesehen davon, daß Chorweiler ein bißchen weit vom Schuß liegt, sollten Sie sich einmal die Musik anhören, die dort in der „Center-Schänke“ gespielt wird. Au waia.
So machten wir uns auf den schnellsten Weg zurück in die Stadt.

Sind sie Jürgen Becker?
Nein – ich bin Klaus der Geiger!!
H
DER DOM
DAS DOM
DIE

Pfiffig muß man sein, Köpfchen muß man haben und rechnen muß man können, wenn man als Künstler die Durststrecken überwinden will, die sich einem unweigerlich in den Weg stellen. Durststrecken sind eigens dafür erfunden worden, uns Künstlern das Leben zu erschweren und dadurch unsere Kreativität ins Unermeßliche zu steigern. An ihnen zerbricht man oder wächst über sich hinaus. Überflüssig zu erwähnen, daß wir die Entscheidung trafen, über uns hinauszuwachsen, was sich allerdings als nicht so einfach erweisen sollte.
Das Dilemma begann damit, daß die eigentlichen Bewohner unserer Bleibe völlig unerwartet von ihrer Reise zurückkehrten. Zu unserer Überraschung zogen sie sofort wieder in ihre Wohnung ein – und wir aus. Abgebrannt und ohne Dach über dem Kopf, stellte sich uns drohend die erste Durststrecke in den Weg. Da haben wir, pfiffig wie wir sind, unsere Köpfchen eingesetzt und angefangen zu rechnen. Unter dem berühmten Strich kam folgender Entschluß heraus: Katalog kaufen, Schwimmflossen bestellen und Ratenzahlung vereinbaren. Gesagt, getan, nach vier Wochen kamen unsere Schwimmflossen, und wir setzten sie sofort gewinnbringend ein. Wenn die Rechnung aufgeht und wir sechs Jahre lang den Decksteiner Weiher als Mensa nutzen, haben wir den Betrag für die Flossen wieder raus. Der Nachteil: Diese Art der Ernährung ist einseitig, naß, kalt und sooo peinlich.

Ich bin eine Taube!
ERST STIRBT DAS HUHN...
NIE KRIEGSTE GENUG!
Es lebe der Vegetarismus
WIENER WALD NEIN DANKE
ANDI!
WIR LASSEN UNS DEN HAHN NICHT ABDREHEN!
AU WEIA..
P. GAY

Wir mußten die bittere Erfahrung machen, daß es sehr schwer ist, ein leichtes Leben zu führen. Obgleich es uns nicht gut zu Gesicht steht, begaben wir uns eines Tages zur Klagemauer am Dom und klagten. Das Ergebnis war gar nicht so schlecht. Jemand meinte es gut mit uns und gab uns einen Tip, den er sich auch gut bezahlen ließ. Wir sollten an der Talentprobe am Tanzbrunnen teilnehmen. Für Talente wie uns wäre diese Veranstaltung das Sprungbrett schlechthin. Darüber hinaus machte er uns mit Wolfgang bekannt, der in der Musikkapelle „BAP" spielt und singt. Wie wir erfahren konnten, ist „BAP" in der Südstadt weltbekannt. Wolfgang war anfangs recht nett und stellte uns sogar seinen Übungsraum mit Schlagzeug und Stromgitarre zur Verfügung, wo wir uns in Ruhe auf den großen Auftritt im Tanzbrunnen vorbereiten konnten.

Doch eines Tages ist er dann echt sauer geworden. Wahrscheinlich hat ihm unser Song nicht gefallen, der in etwa so ging:
I want to be a BAP / gack, gack / Das Geld wär nie mehr knapp / gack, gack / Ich wär' so reich, so reich wie nie / And I am vogelfree/ gack, gack.
Trotzdem an dieser Stelle noch einmal herzlichen Dank, Wolfgang Niedecken. Und mach Dir keine Gedanken, wir sind nicht nachtragend und auch gar nicht mehr böse, jedenfalls nicht mehr so richtig, und schon gar nicht mit Dir, sondern viel mehr mit diesem Blödmann, der meinte, wir sollen an diesem Talentwettbewerb teilnehmen.

Von wegen Sprungbrett. Das war viel schlimmer, als sich im Decksteiner Weiher zusammen mit den blöden Enten füttern zu lassen. Erst wurden wir als „Die Phantastischen sind wir“ angekündigt, und dann wollte das Publikum nur, daß wir uns ausziehen. Vielleicht, weil wir das Lied „Saunaboy“ von „L.S.E.“ gesungen haben. Man weiß es nicht.

Ausziehen
Ausziehen!
Jmi go home!
P. GAY

BITTE
KEINE HEISSE
ASCHE EIN
FÜLLEN

Das Ende vom Lied war, daß wir uns aus lauter Gram in einen unbewohnten Müllcontainer und aus der Musikszene zurückzogen. Vorläufig jedenfalls. Zwei Wochen lang ernährten wir uns ausschließlich von KÖLLN-Flocken. Allerdings entschädigte uns der Ausblick auf die hartgekochten Rieseneier unserer römisch-germanischen Vorfahren ein klein wenig.

Da der Dom ganz in der Nähe unseres Containers stand und die Aussicht auf eine Zentralheizung in weiter Ferne lag, beschlossen wir, ihn einmal zu betreten. Wir betraten ihn betreten, mit der Hoffnung auf Verständnis und etwas Wärme. In einer Zeitung hatte gestanden, daß die Kirche in Köln reicher ist, als es der Papst erlaubt. Es war sehr beeindruckend, selbst zu sehen, wo Kardinal Meisner immer seine Life-Auftritte absolviert. Also, eins muß man sagen, die Bühne ist so ein heißer Hammer, da fällt man voll vom Glauben ab, sogar wir. Nun glaubten wir, daß uns der Dombewohner eine heiße Suppe bringen wollte. Weit gefehlt. Er wollte von uns Eintritt kassieren, obwohl an diesem Tag gar keine Vorstellung war.

T. GAY

Nachdem uns die städtische Müllabfuhr zwei Mal eine Abfuhr erteilt hatte, machten wir uns gegenseitig Mut und auf die Suche nach einer Wohnung und einem Job, der unserem Intellekt entsprechen sollte. Zunächst wollten wir mal sehen, welche Wohngegenden für uns so in Frage kamen.
Man sagte uns, wer etwas auf sich halte, wohne auf gar keinen Fall rechtsrheinisch. So erlagen wir einem ersten Vorurteil, das wir so sehr verinnerlicht haben, daß wir ab sofort die rechte Rheinseite instinktiv mieden. Weniger verinnerlicht haben wir das Vorurteil, jeden Bergheimer zu töten, der uns einen Parkplatz wegnimmt. Aber das liegt vielleicht auch ein bißchen daran, daß wir kein Auto besitzen und uns deshalb auch niemand einen Parkplatz streitig machen kann, nicht einmal ein Bergheimer.

HAST DU 'SE NOCH ALLE ??
Wir landen sonst RECHTSRHEINISCH!
ALEX
SANNA S.

Wenn sie den Baum fällen, können sie bei klarer Sicht den Dom sehen!
108 m²
sofort
beziehbar!
Tel: 283 405
MA-KL-ER

Zurück zur Wohnungssuche. Täglich studierten wir den Kölner Stadt-Anzeiger und die Kölnische Rundschau. Wir glauben, die Zeitungen machen ihre großen Gewinne mit Kleinanzeigen. Am liebsten hätten wir etwas in der Hahnenstraße, am Hahnenweg oder in der Nähe vom Hahnentor gefunden. Doch es sollte nicht sein. Vogelsanger Platz, Vogelweg und Vogelsbergstraße erschien uns etwas zu dick aufgetragen, und den Habichtweg haben wir aus Gründen der Ethik abgelehnt. Die Erpeler Straße hätten wir ganz witzig gefunden, aber da war nichts mehr frei. Taubengasse? Kein Kommentar. Sie müssen wissen, daß eine Taube für ein Huhn ungefähr das ist, was ein Düsseldorfer für einen Kölner ist. Alles klar?
Insgesamt war die Wohnungssuche alles andere als witzig. Was uns da für viel Geld angeboten wurde, ähnelte meist eher einem Stall als einer Wohnung. Mit Hühnern kann man es ja machen. Aber wir hielten durch, obwohl uns die Wohnungssuche nach einer Weile unglaublich auf die Eier ging.
Schließlich haben wir, nachdem wir den Immobilienhaien versichert hatten, daß wir weder Haustiere besitzen noch selbst welche sind, und auch keine lärmenden Kleinkinder haben, die auf dem Klo rauchen, ein kleines Zuhause in Köln-Sülz gefunden. Die Wohnung hat zwar keinen Balkon, keinen Pool und keinen Kamin, ist aber erschwinglich. Die Straße heißt Euskirchener. Das Schöne: Schräg gegenüber ist die „Gockelstube", in der wir uns gern mal sehen lassen, weil wir da ganz gern gesehen sind.

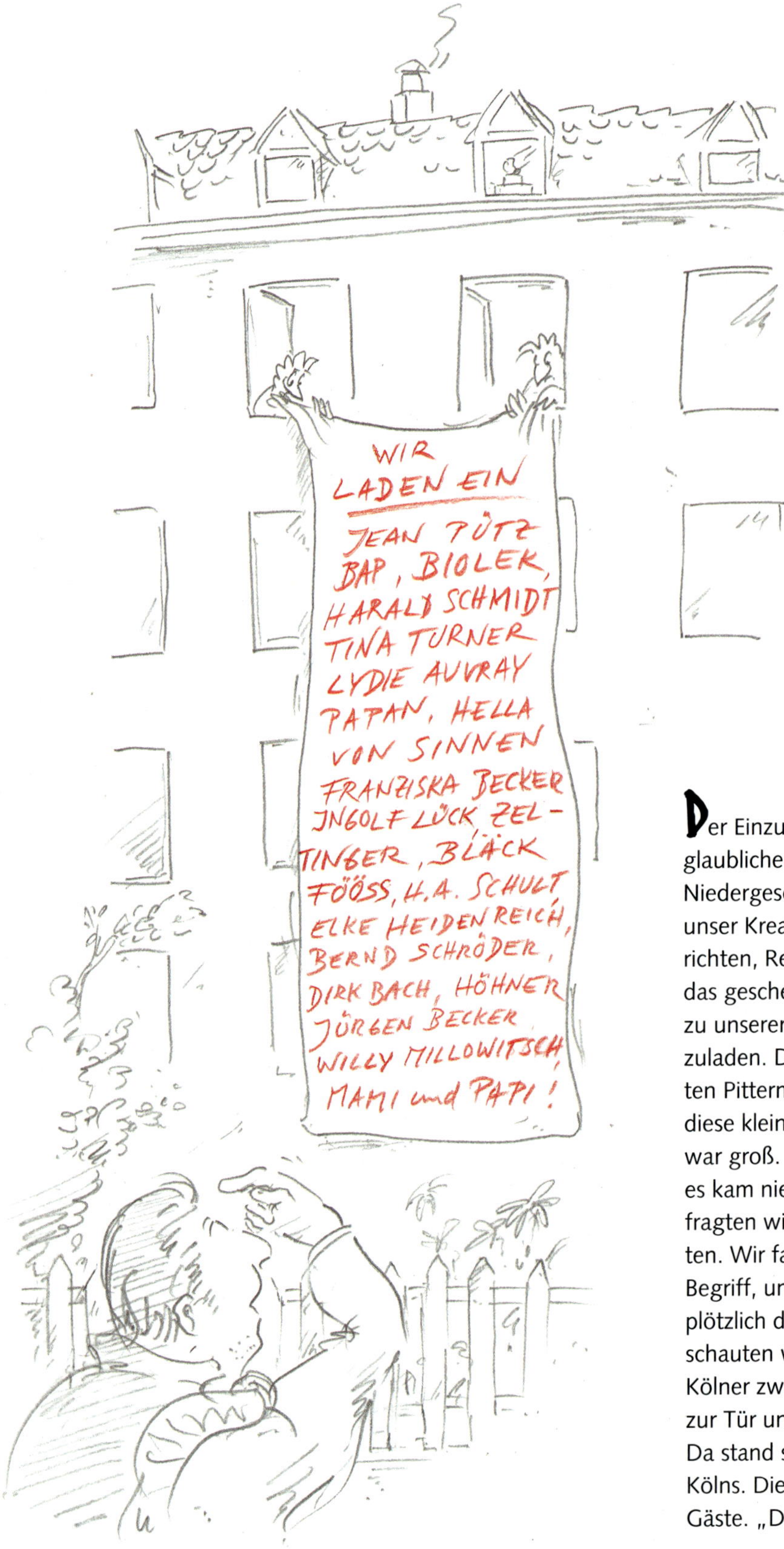

Der Einzug ins neue Heim verschaffte uns einen unglaublichen Auftrieb. Schnell war die vorübergehende Niedergeschlagenheit vergessen, und wir überwanden unser Kreatief, indem wir uns ganz und gar dem Einrichten, Renovieren und Einleben hingaben. Nachdem das geschehen war, hielten wir es für eine gute Idee, zu unserer Einweihungsfete die Kölner Prominenz einzuladen. Darüber hinaus luden wir noch die bekannten Pittermännchen ein, um herauszufinden, wer diese kleinen Leute eigentlich sind. Die Enttäuschung war groß. Nicht nur die Pittermännchen kamen nicht, es kam niemand. Niedergeschlagen, den Tränen nahe, fragten wir uns, was wir für einen Fehler gemacht hatten. Wir fanden keine Antwort und waren gerade im Begriff, unseren Kummer hinunterzuspülen, als es plötzlich doch noch an der Tür klingelte. Fragend schauten wir uns an, es klingelte wieder. „Wenn der Kölner zwei mal klüngelt“, sagte ich scherzend, ging zur Tür und öffnete. Ich traute meinen Augen kaum. Da stand sie vor mir. Die leibhaftige Verkörperung Kölns. Die Entschädigung für all die ausgebliebenen Gäste. „Der kölsche Jung“ – Willy Millowitsch.

Willy war total gut drauf. Als er sah, daß außer ihm niemand gekommen war, tröstete er uns, schimpfte auf die unhöflichen Promis und lud uns in eine Pizzeria ein, die guten Bekannten von ihm gehört, Elke und Bernd. Wirklich nette Leute. Beide sind selbst auch Imis. Bernd kam aus einem versunkenen Land nach Köln und Elke aus den Kolonien der Liebe. Bestimmt auch schöne Gegenden.

Es wurde noch ein richtig toller Abend, und zum Abschied versprach uns Willy, daß er was für uns tun wolle. Als wir glücklich, Arm in Arm nach Hause schlenderten, beschlossen wir zu heiraten, und Willy sollte unser Trauzeuge werden. Warum auch nicht?

Wir wollen heiraten!
Sind Sie von Sinnen!?

Hühnerkacke alte, verdammte.
Vor dem Rathaus wurde unser Traum von der Ehe kurzerhand zunichte gemacht.

Wir wußten nicht, was da vor sich ging. Diese plötzliche Nervosität der Kölner, diese Geheimnistuerei. Was war los? Fast unmerklich gab es seltsame Veränderungen in der Stadt und in den Seelen der Menschen. Wir glaubten, in der Ferne ein leises Grummeln wahrzunehmen und wußten nicht, ob das ein gutes oder ein schlechtes Zeichen war. Wir hatten so eine leise Ahnung, die vorsichtig aus unserem Unbewußten aufstieg und die wir nicht einordnen konnten. Nein, es war keine Angst, es war die Unsicherheit, die einen Fremden in der Fremde überfällt, wenn er urplötzlich etwas völlig Fremdem gegenübersteht. Kurz, es war uns fremd.
Nach einer geheimnisvoll stillen Nacht brach es mit aller Gewalt über uns herein. Das Tier im Kölner war erwacht. Plötzlich war alles möglich. Wir kamen uns näher, und auf den Straßen spielten die Menschen verrückt. Es wurde geschrien, getanzt, getrunken und gelacht. Jeder schnäbelte mit jedem.

EUSKIRCHENER
HAU-KÖLSCH
ZUR GOCKELSTUBE
BÄCKERE

Wir waren uns sicher, daß das ganze Spektakel uns zu Ehren veranstaltet wurde, daß Willy seine Beziehungen hatte spielen lassen, um uns eine Freude zu machen. Wir waren ihm ja so dankbar. Wo wir auch hinkamen, überall wurden wir willkommen geheißen. Man reichte uns Kölsch, bewarf uns mit Leckereien und sang und spielte uns Lieder vor. Es war phantastisch. Man hatte uns endlich akzeptiert und mit Pauken und Trompeten in die Stadtgemeinschaft aufgenommen. Es waren närrische Tage. Leider machten die Kölner schon nach einer knappen Woche schlapp. Ich glaube, es war an einem Mittwoch.
Erst später erfuhren wir, daß das Fest Karneval heißt und mit uns persönlich so gut wie gar nichts zu tun hat.
Allerdings gibt es auch sehr viele Imis, die den Karneval überhaupt nicht an sich rankommen lassen. Entweder sie verreisen während dieser Zeit oder sie gehen Anfang Februar ins Bett und stellen ihren Wecker auf Aschermittwoch.

MODE
We love you too!
AAF
ALAAF
ALAAF
ALAAF
ALAAF
ALAAF
AAF
ALAAF
HOCH-WASSER 1l 50 ct
ALAAF
ALAAF
P. LAP

Bilder wie dieses beweisen letztlich, wie schwer sich der Kölner tut, am Aschermittwoch wieder auf normal zu schalten.

Um endlich über ein finanzielles Polster zu verfügen, das es uns erlauben würde, Urlaub zu machen oder wenigstens einmal das Aqualand in Chorweiler zu besuchen, haben wir alles mögliche gemacht. Erst haben wir Straßenmusik gemacht, dann haben wir Modeschmuck gemacht, anschließend haben wir Tonkrüge gemacht und schließlich haben wir uns ernstlich Sorgen und dann ins Hemd gemacht. Dann hatten wir vor dem Fernsehgerät eine Idee und haben uns auf den Weg gemacht, auf den Weg in die Kölner Fernsehanstalten. Es erschien uns der einfachste Weg, um schnell an viel Geld und Ruhm zu gelangen. War er aber nicht, denn VIVA zu diesem Musiksender kamen, haben die uns erst einmal zum WDR geschickt. Drei Tage lang irrten wir dort durch die Gänge, lernten viele nette Leute kennen, die sich vielversprechend unsere Adresse notierten, von denen wir aber leider nie wieder etwas hörten. Jemand, der es wissen muß, sagte uns, daß die Mühlen der öffentlich rechtlichen Anstalten sehr langsam mahlen. Dann fügte er geheimnisvoll und flüsternd hinzu – noch. Seinen Ratschlag, wir sollten uns doch an RTL wenden, weil die immer auf der Suche nach witzigen Figuren seien, nahmen wir dankbar an.
Tatsächlich ging es bei diesem Privatsender sehr lebendig zu. Es dauerte keine dreieinhalb Minuten und wir hatten einen Job. Und was für einen. Unsere Hoffnungen auf eine hohe Gage und niedrige Einschaltquoten wurden jedoch durch hohe Einschaltquoten und eine niedrige Gage zunichte gemacht. Doch sehen Sie selbst.

MIT
PÄMBERS
LEGE ICH MEINE EIER
WANN UND WO ICH WILL!

Wir trinken nur BIO-Wein!
Ich esse nur Eier!
P. GAY

Albern fanden wir das, peinlich war es uns, und wir ahnten böses, aber nicht, daß man uns in Zukunft öfter im Fernsehen sehen würde als Thomas Gottschalk und Alfred Biolek. Wann immer Werbung lief, bekamen wir Unerträgliches zu sehen – nämlich uns, und das auf allen Kanälen, auf 1SAT, 2SAT und 3SAT. Es dauerte nicht lange, und wir hatten nicht nur das TV satt, sondern auch ein Problem: Die Angst, in der Öffentlichkeit erkannt zu werden.
Also zogen wir uns in unsere Wohnung zurück. Erst nach einigen Wochen setzten wir vorsichtig wieder den Fuß vor die Tür, um herauszufinden, was passieren würde. Erst passierte nichts. Wir atmeten auf. Doch dann ließ uns plötzlich ein schriller Schrei zusammenfahren. Jemand hatte uns erkannt. Wie erstarrt blieben wir stehen, und innerhalb von zwei Minuten waren wir von einer Menschenmenge umringt. Die Sache sah verdächtig nach Lynchjustiz aus. Rücken an Rücken nahmen wir leise Abschied voneinander, als jemand auf uns zutrat, der aussah als hätte man ihn aus Ton geknetet und nicht ganz fertiggestellt. Ich schloß die Augen, da hörte ich den Tonklumpen fragen, ob er ein Autogramm bekommen könne. Schlagartig wurde mir bewußt, wir hatten es geschafft, wir waren berühmt.
An diesem Tag gaben wir Autogramme, bis die Dämmerung hereinbrach. Jetzt hagelte es auch Einladungen zu Interviews und Fototerminen.
Die Folge: angenehme Zahlen auf unserem Bankkonto und unangenehme Post vom Finanzamt Köln-West. Doch nicht nur das Finanzamt zeigte reges Interesse an uns, sondern auch die Produzenten von Talk-Shows riefen nun fast täglich bei uns an, doch die Wahl der Sendung fiel uns nicht leicht. „Schmidteinander" mit Harald Schmidt und Herbert Feuerstein war uns einfach zu kopflastig, „Hans Meiser" zu albern, und „Der heiße Stuhl" weckte Assoziationen an Grillparties.
Schließlich nahmen wir aber eine Einladung Bioleks an und nach der Sendung noch einen Drink im „Alten Wartesaal". Mit Alfred sind wir wirklich schnell warm geworden. Leider konnte auch er uns nicht sagen, wo dieser Klüngel zu finden war.
Doch es ging auch ohne Klüngel ganz gut voran. Täglich bekamen wir neue, lukrative Angebote. Besonders verlockend war das Angebot, in einem Zeichentrickfilm die Hauptrollen zu spielen. Leider ging uns diese Chance durch die Lappen, weil wir nicht bereit waren, mit dem Produzenten ins Bett zu gehen. Nicht etwa, weil wir sexuell nicht aufgeschlossen sind, ich könnte Ihnen da Dinge erzählen...
Nein, es war ganz einfach so, daß wir wegen unseres Talents und nicht wegen unserer erotischen Ausstrahlung unter Vertrag genommen werden wollten. Also beschlossen wir, unseren Ruhm, das Geld und das Leben in vollen Zügen zu genießen.

Wir verlebten eine sehr verlebte Nacht im teuersten Hotel der Stadt und ließen uns am nächsten Tag von unserem Fahrer zum Shopping chauffieren. Während wir unbekümmert an einem Überraschungsei knabberten, fuhren wir an einem dieser Läden vorbei, die uns noch immer einen sagenhaften Schreck einjagen.

In der Stadt kleideten wir uns zunächst einmal von Kopf bis Fuß neu ein. Natürlich kamen Klamotten von der Stange für uns weder in die Tüte noch in Frage. Diesbezüglich sind wir schließlich seit Generationen vorbelastet. Auch heute passiert es mir manchmal noch, daß sich meine Füße unwillkürlich zusammenziehen, wenn ich eine Stange sehe. Aber nur manchmal.

Nachdem wir neu eingekleidet waren, fuhren wir nach Chorweiler ins Aqualand und kleideten uns wieder aus. Was für ein phantastisches Gefühl, die Kölsche Südsee zu genießen. Allerdings erinnerte uns die Umgebung auch ein wenig an unsere Zeit im Decksteiner Weiher; nur mit dem Unterschied, daß wir uns in bequemen Liegestühlen räkeln konnten, während die Leute im Wasser planschten. Wir mußten uns ganz schön zusammenreißen. Die Versuchung, sie zu füttern, war groß.
In der Sauna haben wir uns so richtig ausgeschwitzt. Ein Scherzbold meinte, es sei doch eigentlich schade um die schöne Brühe. Da haben wir ihm eine passende Antwort gegeben und nehmen an, daß er jetzt zu Hause sitzt und sein Leben neu überdenkt.
Es ist schon erstaunlich, wie positiv sich ein finanzielles Polster und ein bißchen Ruhm auf das Selbstwertgefühl auswirken. Wirklich unglaublich. Mag ja sein, daß Geld nicht glücklich macht, aber kein Geld macht unglücklich. Ganz sicher.

AQUALAND
Was machen wir heute abend?
Wir fahren mal ins Landesinnere!

Und ganz sicher wären wir um ein Pferdehaar auf der Rennbahn Weidenpesch unglücklich geworden, hätten uns nicht Autogrammjäger auf dem Weg ins Wettbüro aufgehalten. Als wir dort endlich ankamen, war bereits Annahmeschluß. Was für ein Glück, denn unser Favorit lief nicht einmal unter „ferner liefen", sondern er lief überhaupt nicht. Nach dem Startschuß blieb er einfach stehen und schabte mit den Hufen im Dreck. Sein Jockey brach in Tränen aus und wir in schallendes Gelächter. Die Dankbarkeit gegenüber unseren Fans strebte an diesem Tag gegen unendlich.

KÖLN
DÜSSELDORFER
Arme Schweine!

Schließlich kehrten wir der Rennbahn den Rücken, um uns wichtigeren Dingen zuzuwenden. Zum Träumen begaben wir uns auf ein Traumschiff auf dem Rhein. Die Kreuzfahrt auf dem Luxusdampfer an den Traumufern der Südstadt hat wirklich Spaß gemacht. Zum Glück sind wir auch gar nicht seekrank geworden und konnten noch mal so richtig relaxen, bevor wir uns gnadenlos den Anstrengungen eines Ausstellungsbesuchs auslieferten.

Auf der ART COLOGNE verschlug es uns dann den Atem. Klar, wir waren berühmt, weil wir mit Windeln vor der Kamera herumgehampelt hatten, doch daß unserer Marktwert auch in der Kunstszene ins Unermeßliche gestiegen war, wurde uns zum ersten Mal bewußt. Wir hätten es uns wirklich nicht leisten können, das Bild zurückzukaufen.
Nun überlegten wir ernsthaft, ob unser Geld nicht in einer Immobilie richtig angelegt wäre. Doch die Entscheidung zwischen einer Villa im Hahnwald und einer Eigentumswohnung Unter Fettenhennen fiel uns so schwer, daß wir sie auf unbestimmte Zeit hinausschoben. Also blieben wir in Sülz, in unserer kleinen gemütlichen Wohnung mit dem kaputten Briefkasten, in dem uns eine Überraschung erwartete.

ART
COLOGNE

Dat jitt et nur en Kölle!
Typisch Klüngel!
1
4
5
6
7

In unserem Briefkasten lag eine Einladung in den Gürzenich. So ist das: Ist man erst einmal reich und berühmt, hat man kaum noch Gelegenheit, sein Geld auszugeben, weil man dauernd irgendwohin zum Picken eingeladen wird. Natürlich nahmen wir die Einladung an, weil wir unbedingt wissen wollten, wem dieser „Tünnes- und Schäl-Preis" verliehen wird. Die Überraschung war perfekt. Wir selbst waren die Glücklichen, die den Preis „Wider den tierischen Ernst" entgegennehmen sollten. Das war nicht nur der Gipfel des Höhepunkts an diesem Abend, sondern auch der unseres Lebens. Wir nahmen die Sache jedoch sehr ernst, weil uns ohne den nötigen Ernst der ganze Spaß keinen Spaß gemacht hätte. Irritierend war auch die Tatsache, daß man uns die Trophäe nur verlieh und nicht schenkte. Jetzt leben wir in der ständigen Angst, sie eines Tages zurückgeben zu müssen. Egal. Wir sagten uns „berühmt werden ist gut gegen unbekannt bleiben" und genossen den Abend. Es waren übrigens all die Leute da, die damals nicht zu unserer Fete gekommen waren. Jetzt standen wir oben und die saßen unten. Ein erhabenes Gefühl.

PS: Laut Augenzeugen soll der Klüngel an unserer Karriere doch nicht ganz unbeteiligt gewesen sein. Komisch, daß er uns nicht vorgestellt wurde. Wir hätten ihn so gern kennengelernt.

1) Antwerpes
2) von Sinnen
3) Burger
4) kölsche Jung
5) Ludwig
6) Niedecken
7) Elke + Bernd

BÖLL
STATT
BÖLLER

Bei dem Feuerwerk, das anschließend uns zu Ehren abgefeuert wurde, waren wir ausgelassen wie noch nie und haben keinen Sekt ausgelassen.
In dieser Nacht verdrängten wir den Gedanken, den Höhepunkt unserer Karriere möglicherweise erreicht oder gar überschritten zu haben, und taumelten in den frühen Morgenstunden trunken vor Glück und Sekt am Rheinufer entlang nach Hause und sangen Kölsche Lieder.

An dieser Stelle möchten wir Ihnen dringend von diesem Buch abraten. Am besten legen Sie es direkt wieder in das Regal zurück oder verschenken es ungesehen weiter. Sollten Sie **Köln mit HühnerAugen** dennoch lesen wollen, werden Sie sich sicherlich fragen: Können die beiden Hühner wirklich so dumm sein und den traditionellen Karneval für ein Fest halten, das Willy Millowitsch eigens für sie organisiert hat? Natürlich nicht. Wir wären auch im Leben nicht auf die Idee gekommen, mit Schwimmflossen im Decksteiner Weiher herumzupaddeln und uns wie die Enten füttern zu lassen.

Unser Problem ist, daß wir gnadenlos dem Zeichner Peter Gaymann und dem Texter Andreas Hauffe ausgeliefert sind. Die haben uns erfunden und können nun mit uns tun und lassen, was sie wollen. Eine Macht, die sie gnadenlos ausnutzen.

Also, legen Sie das Buch schnell wieder weg, machen sich schleunigst aus dem Staub, und verstehen Sie dies als gut gemeinten Rat von einem Huhn aus dem Süden und einem Huhn aus dem Norden.

Der Zeichner

Peter Gaymann, geb. 1950 in Freiburg/Breisgau, ist Kunsterzieher und Sozialpädagoge. Seit 1975 arbeitet er ausschließlich als Zeichner und Cartoonist. Nach mehreren Jahren in Rom lebt er jetzt mit seiner Familie in Köln.

Der Autor

Andreas Hauffe, geb. 1955 in Salzgitter, studierte Germanistik und das Leben. Beide Studiengänge beendete er nicht, arbeitete als Kabarettist und Liedermacher und lebt heute als freier Autor in Köln.

Die Deutsche Bibliothek – CIP-Einheitsaufnahme

Köln mit HühnerAugen / Peter Gaymann. Texte von Andreas Hauffe. – Köln : Wienand, 1994
ISBN 3-87909-385-7
NE: Gaymann, Peter; Hauffe, Andreas

© 1994 Wienand Verlag Köln
3. Auflage 1995
Alle Rechte vorbehalten
Redaktion: Sabine Opitz
Gestaltung: Julia Schäfer
Gesamtherstellung: Druck- & Verlagshaus Wienand
ISBN 3-87909-385-7